浪花朵朵

和孩子聊聊
生命里最重要的事

[德]克里斯朵夫·海因　著

[德]罗特劳特·苏珊娜·贝尔纳　绘

王燕生　译

南方出版传媒

花城出版社

中国·广州

图书在版编目（CIP）数据

和孩子聊聊生命里最重要的事 / (德) 克里斯朵夫·
海因著 ; (德) 罗特劳特·苏珊娜·贝尔纳绘 ; 王燕生
译. -- 广州 : 花城出版社, 2021.12（2022.7重印）
　ISBN 978-7-5360-9548-9

Ⅰ. ①和… Ⅱ. ①克… ②罗… ③王… Ⅲ. ①家庭教
育—通俗读物 Ⅳ. ①G78-49

中国版本图书馆CIP数据核字(2021)第249299号

Alles, was du brauchst. Die 20 wichtigsten Dinge im Leben:
Author: Christoph Hein
Illustrator: Rotraut Susanne Berner
Title: Alles, was du brauchst. Die 20 wichtigsten Dinge im Leben
© 2019 Carl Hanser Verlag GmbH & Co. KG, München
Chinese language edition arranged through Hercules Business & Culture GmbH, Germany

本书中文简体版权归属于银杏树下（北京）图书有限责任公司。
著作权合同登记号：图字19-2021-266号

出 版 人：张　懿　　　　　　　　编辑统筹：杨建国
责任编辑：刘玮婷　　　　　　　　特约编辑：张丽娜　秦宏伟
装帧设计：墨白空间·王　茜　　　装帧制造：墨白空间·余潇靓

书　　名　和孩子聊聊生命里最重要的事
　　　　　HE HAIZI LIAOLIAO SHENGMING LI ZUIZHONGYAO DE SHI
出　　版　花城出版社
　　　　　（广州市环市东路水荫路11号）
发　　行　后浪出版咨询（北京）有限责任公司
经　　销　全国新华书店
印　　刷　雅迪云印（天津）科技有限公司
　　　　　（天津市宁河区现代产业园健捷路5号）
开　　本　889毫米×1194毫米　32开
印　　张　2.875
字　　数　20,000字
版　　次　2021年12月第1版　2022年7月第3次印刷
定　　价　48.00元

克里斯朵夫·海因

和孩子聊聊生命里最重要的事

这 是很久以前的事啦，是由一个愚蠢的故事开始的，一个非常愚蠢的故事。

我必须去医院，但不是去两三天，而是要住很久 —— 六个星期。我要去的这所医院离家远极了，大概有一千公里。

"我不去医院。无论如何我也不去。"我对妈妈说。

"你必须去，我的儿子。"她说。

"瑟韦科医生会给我打一针，然后我就不能说话了，死了，连喊一声都来不及。"

"这回不能听你的。如果你想身体健康的话，你必须得去医院。"

"我不想在该死的医院里待那么久。"

妈妈摇摇头，说："没那么久，只需要六个星期。六个星期很快就过去了，比你想象的要快得多。而且我们会尽量多去看你。到不了你生日的时候你就回家了。"

"不要，不要，不要，"我大喊，"我不想去！"

"必须去，我的儿子。你可以把需要的东西全都带上，这样你在那儿就什么也不缺了。"

"全都带上？真的能全都带上？"

"是的，我答应你。"

"那好吧，这是你答应我的。我需要我的房间，我的整个房间。"

"但是，我的儿子，整个房间是运不走的呀。最好是，你现在仔细想一想你在那儿真正需要什么东西，然后拿一个箱子，把你需要的东西全都装进去。我不会检查你的箱子，向你保证。"

妈妈去了厨房，让我一个人留在房间里。

我四处环视了一番。我可以把需要的东西全都带上，但是房间里这么多东西，哪样是我不需要的呢？

我全都需要。

我走进地下室，拿出一只箱子，仔细打量了一番，然后又把它放了回去，换成那只最大的箱子。我拖着箱子回到房间，开始往里面装东西。

"你完事了吗？箱子装好了吗？"吃晚饭时妈妈问我。

"没有，我还没装完呢。我还得好好想一想。我可不想落下我必需的东西。"

"你真聪明。最重要的东西就应该随时带在身边。"

第二天早晨，我拿来箱子的钥匙，把大箱子锁上，因为它装得太满了，我不想让别人看见里边装了什么。我从地下室又取来一只箱子。

星期一早晨我们该出发了。头一天晚上我父母问我东西是不是全都装好了，我一脸不高兴地点点头。我们一起走进我的房间，只见三只又重又大的箱子立在那儿。

"都在这儿？"爸爸问。

"希望我什么也没忘掉。"我说。

"带上衬衫、裤子、换洗衣物和鞋了吗？还有梳子和牙刷？"他问。

我耸耸肩膀："没有，这些东西我压根儿就没想起来。"

"看来还得再拿上第四只箱子，估计那三只箱子里什么也装不进去了。"他说。

"那三只都满了，"我说，"用不着看了。"

"好吧，儿子。"

爸爸设法把四只箱子全都塞进汽车里，其中一只不得不绑在了后座上。

"你真的需要这么多东西吗？我担心你带的东西太多了。"妈妈问。

"根本就不多，"我回答说，"只带了最最需要的。我还担心把什么东西忘了呢，忘了我一定需要的东西。"

"没问题，儿子。我们去看你的时候会给你带上的。"

接下来要说的是，当初我认为妈妈在这件事情上的看法完全是错误的，后来证实她是有道理的；而我正相反——我原来认为我有道理，后来证实我大错特错了。因为，首先这六个星期时间太长了，我根本不知道我是怎么挺过来的。其次我带的东西确实也太多了。

我带来的三只大箱子中有两只在医院里一次也没打开过，一直立在我的床后边。我还得听护士们那些无聊的废话，她们都想知道我锁着的箱子里有什么宝贝。

这个愚蠢的故事已经过去好多年了，但是自那以后，我时不时会想一想，什么才是我们真正需要的，什么是不能放弃的。

我接下来要讲的这些，也许对你或者你的兄弟姐妹有所帮助。

这些都是你生命中重要的事：

1 一个朋友 7

2 妈妈 9

3 一只猫咪 13

4 鸡蛋火腿煎土豆 17

5 兄弟姐妹 21

6 演奏音乐 25

7 一张床 29

8 玛格达莱娜姨妈 31

9 故事 35

10 一些柔软的东西 39

11 发现与发明 43

12 一个房间 49

13 一条漂亮的连衣裙 53

14 生日 57

15 一辆自行车 61

16 痛苦与眼泪，烦恼与失败 65

17 跳出自己的影子 69

18 家庭 73

19 团体 77

20 恋爱 81

1 一个朋友

谁也不会有太多的朋友，甚至最富有的人也没有太多的朋友，因为真正的朋友是很难得的，真正的朋友是用钱买不到的。每个人都应该有一个朋友，男性朋友、女性朋友都可以。

你不仅可以跟朋友谈谈电影、书籍和时装，谈谈女孩和男孩，你还可以和朋友谈论原本不能跟别人谈的事情。你强忍了一整天的眼泪在他那儿可以尽情流淌。他能理解你。

当你陷入找不到出路的困境，当你生父母和老师的气，生你认识的所有人的气，当你不知道这一天该怎么挨过，真想死了拉倒，这时你身边还有朋友。他只是说一句："嗨，朋友，你也太倒霉了。来，我们去吃个冰激凌，一块儿聊聊。"朋友就是这样的人。

朋友是很难得的。如果不珍惜，他们就会与你擦肩而过。当你失去一个朋友，我是说，一个真正的朋友，那真的很糟糕，好比妈妈去世了一样，你一辈子都不会忘记。如果你活到了100岁，你还会痛苦不堪。

要善待你的朋友。因为你需要他，而他也需要你。这就是友谊。

2 妈妈

是的，我知道，她让人心烦。她总是喋喋不休，总是抱怨来抱怨去，你怎么做都不合她的意。她不是说着讨人嫌的忠告，就是说着所谓明智的格言。

这一切我全都知道，因为这种情况也发生在我身上，我自己都亲身经历过。每位妈妈都这样，而且会一直这样。

但是我想告诉你一些也许你还从来没想过的事情，一个你早晚有一天会懂得的真理。我希望这个真理你不要知道得太晚，因为那对你来说很糟糕，会让你很难过。

你的妈妈是你生命中最重要的女人。不骗你，确实是这样。

将来你还会认识很多女人，热情的、聪明的、有趣的、漂亮的。也许你会遇到一位你爱她胜过爱其他所有人，甚至胜过爱自己生命的女人，你会希望每天都能跟这个女人在一起。这样的情况总有一天会发生。尽管如此，总是烦你的妈妈也始终还是你生命中最最重要的女人。

不仅仅因为她把你带到这个世界上来，在你还小的时候抚育了你；也不仅仅因为她始终在你身边照顾你；更不仅仅因为她送你礼物，给你很多好吃的巧克力布丁和冰激凌。

妈妈是你生命中最重要的女人，因为当你还小的时候她把你抱在臂弯里；因为后来她坐在你的床边，给你读书，抚摩你，给你晚安吻；因为她的味道总是那么好闻。

你现在也许会想，这有什么了不起？你不明白，为什么她因此就这么重要。我也不能完全确切地给你解释明白，但是我们人类就是这样。对人类来说，那个曾经把我们抱在臂弯里、唯一懂得我们当时巨大烦恼并给予我们安慰的女人，是最重要的人。对每一个人来说，她都是最重要的人。

即使你已经长大成人，甚至你已经老了，真正的老了，你的妈妈也许已经去世了，但她仍然是你生命中最重要的人。总有一天你会明白这一点的，但我希望你及早明白这一点，然后向她表白，随便以一种什么方式告诉她。一个小小的表示你妈妈都会懂的。你只要抚摩她一下，就一下；或者给她一个吻，趁她没有想到的时候 —— 也许那个时候她又在烦你呢。

我们现在应该说说爸爸，他对你来说也很重要。但是我知道，眼下对你说这话不合时宜，因为你可能正生他的气呢。我们最好还是等一等，直到他心平气和，可以理智地交谈。

3 一只猫咪

很少有连医生也说不清、治不了的疾病，比如过敏，就是这样一种奇怪的病。谁要是得了这种病，就不能想吃什么就吃什么；接触了什么让他过敏的东西，就会拼命地打喷嚏。还有对猫和狗过敏的，那就太糟了。因为这样一来，就不能接近它们，抚摸它们，只能从远处观望，好像它们是危险的老虎一样。尽管如此，每个成人和每个孩子都应该有一只猫咪 *，因为猫咪是好朋友。膝盖上卧着一只猫咪，会让人安静下来。身边有一只猫咪，会让人觉得有安全感。

你可以跟它说话，讲这样那样的事，它都听得懂，同时你也懂得它，因为你们两个可以毫无困难地相互理解。你们之间有一种特别的语言，一种只有你和你的猫咪掌握的秘密语言。当你跟它用这种秘密语言说话时，它每个字都懂，你也懂得它。只有你懂得它，没有别的人。

有时候猫咪很喜欢人抚摸它。当它想让你抚摸时，它就会朝你奔来，直接扑到你身上，或者在你的两条腿之间绕来绕去，几乎要把你绊倒 —— 它就是这样要求人们抚摸它的。它也非常明确地告诉我们应该怎样抚摸它，抚摸它什么地方，当然它也告诉我们什么地方不能摸。它可能想让你抚摸几分

---

* 过敏患者是否可以养猫，还请听取医生的意见。——编者注

钟，然后觉得够了，就自己走开了。它也可能想让你抚摩一个钟头，于是你只好陪着它玩，不能同时干点儿别的什么事，例如写作业、看书什么的。不，它只想你抚摩它，跟它玩，猫咪就是这样。

有时它并不希望你抚摩它，只想躺在你的身边，最好是保持半米的距离。那你最好保持这个距离，否则它会迅速地用爪子打过来，在你的手上留下一道道挺疼的血印子。它还可能生气地离开。它喜欢亲近人，但也不喜欢太近。它认为应该彼此尊重，如果它想让你别靠得太近，那它就会让你明白这一点。它认为，你喜欢我可以，但也不能越过界限。

也有例外的时候，那就是猫咪在床上的时候。它好像知道爸爸妈妈很不愿意看见它上床，所以在床上表现得特别温顺。你可以把手放在它身上，甚至可以把整个脑袋枕上去。这时你对它做什么都可以。如果妈妈突然走进房间，你可以迅速用床单把它盖住，猫咪会安安静静地一动也不动，不露出一点儿马脚。

只有吃东西的时候谁也不能打搅它。它担心别人抢它的食物，这时就会六亲不认，又吼又闹，让你保持距离。

猫咪软软的，暖暖的，比任何一件毛衣都漂亮。如果有人需要一个可以照顾的对象，猫咪正合适。

4 鸡蛋火腿煎土豆

在你那儿不一定吃鸡蛋火腿煎土豆，所以对你来说它很可能是一种完全不同的食物。每个人都有这么一种食物，它会让你想起一些美好的事情。它对每个人来说都是不一样的。为什么会这么喜欢它，以至于天天吃都行？每个人都有自己的理由。

我太太就喜欢麦糁小丸子。简简单单的小麦糁子做出的丸子，放水里煮一煮，再放平底锅里用黄油稍微煎一下，最后撒点儿糖，或者撒点儿糖加桂皮粉。我一点儿也不喜欢吃，可是我太太小时候经常吃。现在每当她吃这种小丸子的时候，她都会想起旧日时光 —— 她儿时的房间，她的同学，生日、圣诞节以及摆满礼物的桌子。她还会想起滑冰和打雪仗，想起假期里去波罗的海旅行，想起她的日记以及那时很多的秘密。有一次，她忽然想起了那位缺了两颗牙齿、梳着马尾辫的朋友，当时她们每天都在一起。她们甚至曾在同一间病房里躺了三个星期，因为她们都得了一种传染病。这三个星期她们不必去上学，哪儿也不疼，大家全都从早到晚地悉心照料她们，她们甚至可以不受惩罚地胡闹。这三个星期成了她们一生中最美好的时光。每当我太太吃麦糁小丸子的时候，就好像又回到了跟朋友在医院里的日子。

对我的一个朋友来说，这种特殊的食物是他每次去看奶奶的时候奶奶煮的鸡汤。他说，这种鸡汤今天在任何地方都找不到了。但是也可能只是他想念奶奶了，把他当王子一样对待的奶奶。

对其他人来说，这种特殊的食物可能是杜松子汤或者厚厚的苹果馅鸡蛋煎饼，可能是蓝莓奶油或者果酱蛋卷煎饼，可能是水果丸子或者土耳其小点心。

比如一块特别的松糕，一小块甚至还没有一个贝壳那么大的小点心，就会勾起某个人很多的回忆。随着这味道，一幕幕一声声的情景又回到他的脑海里，这是早已逝去的岁月的味道。

对我的一位老同学来说，这样的食物是一块巨大的肉排，大得都超出了盘子边。他一看见便回想起当初还在爸爸妈妈身边的时候。当时他们非常穷，家里从来没有肉吃，平时没有，星期天也没有。

对我的一位女性友人来说，这样的食物一定是一个柠檬，新鲜采摘的，大大的，多汁的，散发着香气。她不吃这个柠檬，她只是把它举在鼻子底下，闻它的香气，然后这个世界对她来说就变得明亮起来，她会觉得很温暖，很幸福。

对我的儿子来说，这样的食物就是鸡蛋火腿煎土豆。当我们周末去乡下的时候，他非常高兴，因为整个家就属于他一个人了。他可以想干什么就干什么，什么都不干也没有人管。没有人警告他，没有人打搅他，没有人来烦他。他中午就吃鸡蛋火腿煎土豆，这是一道非常奇特的饭菜。菜谱是他自己发明的，名字也是他自己起的。他首先往平底锅里放一大块黄油，然后把在食物储藏室和冰箱里能找到的东西都切成小块：土豆、鸡蛋、青菜、肉块、香肠、奶酪、苹果、菠萝，接着还有胡椒粉、盐和番茄酱。当然啦，可能还会从一个盒子里取一点儿什么，再从另一个玻璃瓶子里取一茶匙什么。这就是他最喜欢的鸡蛋火腿煎土豆。我尝过，太难吃了。可对他来说，这种味道意味着可以不受打扰，一个人待着，意味着终于可以独享一整栋房子。对自由的热爱让他喜欢上了他的鸡蛋火腿煎土豆。

他已经长大成人了，结婚了，并且有了孩子，人们得称呼他教授先生。但是我敢肯定，当他的家人外出，他一个人单独在家的时候，中午他一定会走进厨房，给自己做个鸡蛋火腿煎土豆。

5 兄弟姐妹

有兄弟姐妹的感觉，就好像每天看马戏表演一样，甚至就好像住在马戏团里 —— 既紧张又兴奋。你会时而感到神奇，时而觉得危险。

他们能像小丑那样逗你发笑，像杂技演员那样在空中旋转，像魔术师那样变戏法、施魔法。有时他们相信自己就是指挥一切的斗兽师，你必须按照他们的指令行事。

兄弟姐妹可以带给你很多欢乐。不过呢，他们经常吵吵嚷嚷，声音那么大，堪比一个真正的马戏团乐队，也常常让你觉得受够了，一心想离开，一跑了之。

如果能在校园里看到哥哥跟他的朋友们站在什么地方，那就太棒了。你可不要跑去找他，他不喜欢这样，但是只要他往那儿一站，你就会觉得安全多了。

做作业和练钢琴的时候，有个兄弟姐妹那可太有用了。当你有一道题不会解的时候，他们朝你的作业瞥上一眼，说他们会解这道题，而且还很容易，于是这道题就解决了。他们可能还会给你一个小小的提示，告诉你什么地方看漏了。

如果兄弟姐妹们有一大堆你没有的玩具，那也很好啊。只要他们允许，你可以借来玩玩。当然，他们不在家的时候也就不必征求他们的意见了。

有兄弟姐妹的人总是有玩伴。他们什么时候都能派上用场，特别是当你生病而朋友又不能来看你的时候。还有晚上，父母想出门了，要把你留在家里，那时如果有兄弟姐妹在，或者至少有一个兄弟姐妹在家，那可真是一件幸事。

开家庭会议时有兄弟姐妹也大有益处。如果有什么事情要做决定，爸爸妈妈总希望大家意见一致 —— 也许他们私底下已经悄悄商量好了。如果你没有兄弟姐妹的话，那就是二比一。如果你有一个兄弟姐妹，那就是二比二了，你爸妈当然就不能这么轻而易举地实现他们的主张了。如果你有好几个兄弟姐妹，那就会变成二比三，也许二比四，那你们就能做决定了。我有五个兄弟姐妹，开家庭会议时经常是二比六。这对我的父母来说可不好过，他们很少有机会顶住我们的反对去实现他们的主张。

有兄弟姐妹还有一样好处。父母总以为自己什么都知道，比谁都懂得多，所以有点儿烦人。如果你有弟弟或者妹妹的话，你就可以跟他们讲讲他们还不知道的事情。这时你会发现自己很重要 —— 这种感觉很重要。你会感觉到，弟弟或者妹妹非常佩服你，哪怕他们连声谢谢也没说。

当然了，不愉快的日子也有啦。他们会惹你生气，让你烦，你有时候真想他们走得远远的。但你只是想想而已。

如果你运气特别好的话，你的兄弟一辈子都会是你的知己，你的姐妹永远会是你的玩伴。他们知道关于你的几乎一切，所以你什么都可以跟他们讲，哪怕是最荒唐最尴尬的事情 —— 作为成年人这些本来是不能对别人讲的。他们会帮助你摆脱困境，就像你小时候那样。

6 演奏音乐

我不得不承认，音乐对我来说是一个奇迹，一个我从来没有完全理解的奇迹。

我们为什么要听音乐呢？

为什么我们可以反复听同一首歌曲或同一段乐曲，而不觉得无聊呢？

音乐里到底有什么奥秘？音乐不过是我们喜欢的一些声音，因而留在了我们的耳朵里，就这么简单，不是吗？

尽管如此，我们还是听不够。

这一切是怎样开始的？我想，是我们的祖先几千年前首先从歌唱开始的。他们发现，他们的声音像一种乐器，有技巧地使用它比单纯说话能表达更多的东西。他们还发现了节拍和韵律。也许是他们能够感觉到和触摸到自己心脏的跳动，这种跳动对他们来说是最初的音乐。

他们学着利用自己的声音，直至产生曲调。他们把动物的皮和肠子绷紧，借助它们发出声音。他们还学会了利用木头或骨头一类中空的物体，产生音调。

他们一而再再而三地改进这些乐器，直到最终造出钢琴、小提琴、笛子和小号。他们还发现了令人百听不厌的奇妙旋律。音乐不能饱腹，但能使他们摆脱烦恼，心情舒畅。当他们悲伤或者绝望的时候，音乐能够安慰他们，给予他们新的力量。

比听音乐更美妙的是自己演奏音乐。如果你有机会学习一种乐器，那你很快就能体会到这一点。可以演奏的乐器随处可见。人们可以用木制的乐器发出最最不同的声音，尤其当它们是中空的时候。用绷紧的线也行，纸张也可以用来弹奏音乐。你还可以敲击旧纸箱，每个纸箱都可以敲击出三四个不同的声音。把三十个纸箱集合在一起，那你就可以演奏出像钢琴那么多的声音，只是你得来回多跑几趟。

或者到厨房去，你能在那里找到一大堆乐器。玻璃杯、瓶子、刀叉、盘子、罐子、花瓶，这些全都能发出声音。

如果你有十个或者二十个瓶子的话，你可以用它们制造一架玻璃钢琴。你只需要往瓶子里灌些水，有的瓶子里多一点儿，有的瓶子里少一点儿。当你用一个勺子轻轻地敲击它们的时候，水的多少会改变瓶子发出的声音。你可以在那里演奏餐具交响曲或者厨房歌剧。如果你让自己的声音加进来，大声地唱，那你就可以在那里开一场真正的音乐会了。

如果你邀请我，我就到你那儿去，倾听你的音乐。我听音乐从来没有够的时候。

7 一张床

床可是个好东西，只要它上边放了它该有的一切。不然它就是个无聊的东西，让人觉得没意思，想睡觉。

床上一定要有什么东西呢？

一只手电筒。难道你愿意在黑暗中寻找方向吗？

一些松脆的面包片。你夜里饿了的时候就可以拿来吃。另外，这种面包的碎屑不容易变成粉末，它们会牢牢地黏在床上，你还可以吃上几个星期呢。

你的日记本。因为夜里可能会发生最不可想象的奇遇，而你一定想把它们写下来。

一根胡萝卜。当你压着它的时候，它不会变形，不会像香蕉似的一压就烂。

你的玩具熊布茨，或者你的橡皮蛇，或者你的抱枕，或者你最喜爱的玩偶摩尼。因为没有这些，你无法入睡。

一个水瓶。假如你做梦梦到了大海，梦到了太阳和沙滩，你就会突然感到口渴。

你的小秘密。那个只跟你最要好的朋友说过，从来没对旁人提起过的小秘密。

还有你的床单。早晨可以把你的手电筒、面包、日记、玩偶、水瓶和你的小秘密遮盖起来。

别忘记，一定要把床单拉平整，免得爸爸妈妈起疑心，跑来查看。

8 玛格达莱娜姨妈

她总是有时间陪我。什么时候想去她那儿，我就可以去。我在她那儿做家庭作业，我们一起玩她的旧棋牌，比如"嘿，你别生气"*、连珠棋或者纸牌。

我父母没时间玩这些，在我们家也肯定不能每天玩，充其量星期日玩上一次。虽然可以跟我的兄弟姐妹们玩，但他们不是每次都让我赢，像我的玛格达莱娜姨妈那样。

另外，她还立了一个非常好的规矩：每做完一项家庭作业就玩一次。于是那些我不喜欢的作业也变得让人开心了，因为我知道，马上我们就可以坐到棋牌前了。我还知道，我会赢。

她是故意让我赢的，这一点我当时并没有发觉，她也没让我看出来。每当她输了的时候，她就吓得大叫起来，接着还嘲笑自己怎么这么倒霉。当时我真的以为我赢了，我比她玩得好。

但是，这不是我几乎每天都在她那儿待几个钟头的理由。真正的原因是，她有时间陪我。我可以跟她聊天，聊一些不可能跟我父母谈，也不可能跟我的兄弟姐妹们谈的事情。

你也知道，有时候我们难免遇到一些很难办的事情，糟糕的事情，我们会尽可能不让爸爸妈妈知道，因为他们要是

---

* 德国一种十字戏类棋盘游戏。——译者注

31

知道了会更糟糕、更混乱。这些事情也不能跟兄弟姐妹和朋友们说。于是我们就需要一个成年人，这个人我们可以百分之百地信任，不用担心这个人向其他人泄露这些事。这个人可以是叔叔、姑姑、舅舅、姨妈或者爷爷、奶奶、姥姥、姥爷，但他不会跑到你父母那里，全都讲给他们听。这个人也可以是你父母的一位朋友，你知道他是可靠的，可以放心的，即使最难办的事情也可以放心地讲给他听。

从他如何倾听你，就可以判断出来他是不是这个人。他是真正在考虑你的问题，还是心不在焉，心思早已跑到别的什么地方去了。认真倾听的人不会立刻给出一个极其聪明的解决办法，而是先思考一下，可能几分钟，也可能一整天；不认真倾听的人，什么事都会立马给你个解决办法，往往什么用都没有，只会使你的处境更加艰难。

这位倾听者也可能会用点儿馊主意来帮助你，这是你爸爸妈妈一辈子都不会干的事。如果他发现你必须有一张请假条的话，他就会给你写一张，即使情况并不完全属实。或者替你编一个谎话，因为他知道这个谎话能够帮你摆脱困境，否则他绝不会这么做。

我希望你有这样一个人，你甚至可以跟他一块儿去偷马。即使我不知道以后你要拿这匹马干什么。

9 故事

你是否也发现了这一点：所有的人都喜欢听故事、读故事，无论是一丁点儿小的孩子还是大孩子？小孩子总希望爸爸妈妈或者你一而再再而三地讲故事，那些故事他们可能已经听了上千遍了，甚至都能背出来了 —— 童话故事或冒险故事，真实的故事或编造的故事，也可能是你匆匆忙忙刚想出来的故事。最主要的是，这些故事要有一个充满希望的开端，中间部分要引人入胜，最后要有一个完满的结局。

成年人也不例外。他们购买书籍、报纸，就是为了阅读故事。其中有些是真实的，有些是瞎编的，对他们来说无所谓，只要故事讲得好就行。

孩子们和成年人去电影院也是为了看故事。电影院里的故事几乎都不是真实的，它们绚烂多彩、吵吵闹闹、异想天开、童话一般。人们痛痛快快地娱乐了两个小时，但是每个人都知道，这些故事只在电影院里有。因为没有人能骑着驯鹿在空中飞，没有人真的能把一个人变得谁也认不出来。

可是我们为什么特别喜欢这些编造出来的故事呢？为什么童话故事和不可思议的故事能让我们如此着迷？为什么全世界的人都在看一个自称会变魔法的小男孩的故事呢？我们为什么需要这些故事？是什么东西让大人小孩都这么着迷，以至于从来没有听够、看够的时候？为什么大家愿意听故事、看故事,尽管从中也学不到什么?因为它们不是真实的,只是娱乐而已。故事可以消磨时间,排解无聊。我们看一个惊险故事时,几乎迫不及待要看到它的结局。时间过得飞快,我们一秒钟也没有无聊的感觉。

但是这还不能回答那些问题。为了打发时间,人们也可以打乒乓球、游泳、跟朋友聚会,或者做些有用的事情,比如烤一块点心,学学单词,修理门锁。

我认为,我们这么喜欢故事,其实是因为这些故事给我们讲述了一些我们不知道的事情,这些事情又跟我们有关。就算它们不值得完全相信,可能是错误的,可能是老掉牙的,我们也能从中阅读或者听到那些关于我们的事情,关于我们的希望、我们的梦想、我们的爱好。

如果一个故事讲的是我们完全陌生的事,跟我们毫无关系,我们就会感到无聊,根本不想读它。但是如果它讲的是关于我们的事,关于我们的生活、我们的梦想,它尽可以发生在非洲、发生在月亮上、发生在魔幻世界里,或者发生在几个世纪之前。无论发生在何时何地,它就是我们喜欢阅读的故事,我们急切期盼着它的结局。

当有人告诉你他最喜欢的书籍,他特别喜欢的电影,你对他的了解就更多一些,对他的认识就更深刻一些。因为书籍和电影会泄露一些他从来不会示人的事情。

你喜欢的那些书籍也是如此，它们其中一定有关于你的事情。你为什么会喜欢那些书籍？因为它们会告诉你，你是怎样的人，或者你喜欢怎样的人，你的梦想、愿望，以及你将来想成为怎样的人。这些故事里的英雄、骑士、仙女和魔法师在现实中并不存在，但他们存在于你的世界里。他们和你一起生活在你的世界里。他们甚至可以跟你说话。他们是你的朋友。

10 一些柔软的东西

每个人都应该有一些可以拥抱的东西，一些柔软的、毛茸茸的、有流苏的、有香味的、暖暖的、蓬松的、绵绵的、嫩嫩的东西。

当妈妈不在身边的时候，当你和她吵架以后，你感觉很寂寞、需要安慰的时候。

所有的人都喜欢拥抱，成年人也一样，爸爸妈妈也喜欢。为什么呢？也许是因为拥抱使我们回想起我们都曾经历过，但又没有人能回忆起的那段时光 —— 那段我们备感舒适、安全的时光。那时我们非常非常小，生活在妈妈肚子里，受到保护和悉心的照料。拥抱这么美好，也许是因为拥抱时我们感觉到了安全，得到了保护，像当初在妈妈肚子里那样。

一个玩具娃娃或者玩具熊，一张小毯子或者电热垫，或者一只猫，都是非常棒的可以拥抱的东西。我们可以把头放在上边，宣泄自己的忧愁，获得一种奇妙的安全感，睡觉前抱抱还会安然入眠。

鱼、金丝雀和荷兰猪也很好，但是没办法拥抱它们。一个小弟弟、小妹妹虽然很适合，但他们有自己的想法。他们只在他们觉得合适的时候，或者他们实在没有比这更好的事做的时候，才想拥抱。

如果你总是拥抱一样东西的话，那就给它起一个名字吧。如果那个东西有了名字，你马上就跟它有了完全不同的关系。你就可以说"我要找我的弗利茨"，或者"小苏斌在哪儿呀？"。

这听上去比你说"我的绒毯在哪儿？"更好一些。

对了，还有些话我必须对你说。也许你有这样的朋友，当你要拥抱什么东西的时候，他们认为你太丢脸了，还因此嘲笑你。

这是愚蠢的，我敢打赌，他们自己在家里也要拥抱什么东西，他们只是不说而已，因为他们觉得说出来很丢脸，因为他们想让人觉得他们长大了。

总而言之，说什么东西令人丢脸，才是愚蠢的。有这样一些同学，很多东西都让他们觉得丢脸，他们总在说别人这样那样丢脸了。

美好又实用的东西怎么会让人丢脸呢？

拥抱这件事也是，拥抱怎么会让人丢脸呢？

11 发现与发明

你有没有想过发明一些什么东西？全新的、从来没有过的东西？有没有想过发现一些从来没有人看见过的东西？就像那些著名的发明家和发现者，你在学校里应该听到过他们的名字，在书里也许看到过他们的名字。

世界上还隐藏着很多秘密，我们人类一直还有未知的领域，有足够的东西等着你去发明、去发现。我说的不只是那些小东西，如可以加热但没人用的蛋杯，或者一个超级智能冰箱 —— 当酸奶过了保质期、黄油没有了或者蛋格里就剩一个鸡蛋的时候，这个冰箱的显示器上就会显示出来。

不，我说的是像蒸汽机一类的发明 —— 改变了世界、帮助了人类的发明。还有美洲大陆的发现，我说的是真正的发现。美洲不是由哥伦布发现的，哥伦布只不过是发现了美洲的发现者，并把他们称为印第安人。这些人在哥伦布之前几百年就已经到达这片海滩，并在这块陆地上定居了下来。

我说的是那些对世界有用的、能保护世界的发现，能够拯救我们的世界和我们的环境的发现。

"环境"这个词存在的时间还不长，大概才百十来年。从前没有这个词，人们也都过来了，当时他们只知道自己生存的世界。

这是实情。德语"环境（Umwelt）"这个词是不久前才

43

发明的。其实完全没有必要造出这个词来，毫无意义，因为它所指的当然就是我们生存的这个世界，或者我们居住并了解的这一小部分世界，即环绕在我们身边的山川地域。

科学家们发明了这个词，是为了向我们说明，我们必须保卫这个世界。没有人能够保卫整个世界，但每个人都应为自己的小世界负责。为树木和森林、为动物、为空气、为水负责。为你每天都看见的、都利用的那一小部分，那微小的部分负责，为你上学的道路、城市公园负责，为你那个街区的树木负责。

人类有一个问题，可能是致命的问题。

很久很久以前，人类就生活在这个地球上。随着时间的流逝，他们学习了很多。他们学会了取火，从此不再挨冻。他们学会了如何把野生动物变成和他们一起居住，给他们提供营养的家畜。他们知道了如何盖房子，从地球内部挖掘矿藏，为自己所用。他们发明工具，学习航海，利用水蒸气和电力，造铁路，造汽车，造飞机。人类还一直在发明有用的东西，让我们的生活离不开的东西。

但是为了这些神奇的发明与发现，我们需要地球的原材料。为了能在地球上更好地生活，我们剥削我们的地球，然而地球的资源不是无尽的。一些矿物的储藏有枯竭的趋势，一些种类的动物有灭绝的危险，因为我们捕食了太多。海洋与河流每天都被我们的垃圾所污染。大气也被殃及，保卫地球、与我们的生命休戚相关的臭氧层已处于危险之中。由于我们的工作和生活方式，我们面临气候变暖的威胁，气候变暖的结果是人类不可能继续生存下去。

我们已经知道了，我们必须以另外的方式与地球打交道，完全不同的方式，因为未来我们还要在它上面生活，还有我们的孙子、曾孙子。我们必须生活得更简朴一些，但是没有人愿意这样做。我们当中没有人愿意放弃一些东西，每个人都想尽可能多地占有资源。这虽然可以理解，但对于地球和人类是极度危险的。

我们人类的战争已摧残地球几个世纪之久，现在我们又用对奢华生活的追求来毁灭它。我们中的每个人，包括你和我，不想有节制地生活，只愿意享受，每年都要比上一年享受更多，生活更好。

这是不理智的，纯粹的不理智。这是自杀。然而没有人知道怎样才能打破并终止这个灾难性的循环。各国政府对此也毫无办法。它们也不想理智行事，只想为自己的国家获取越来越多的资源。

我们的地球只是宇宙中一颗很小的星球。我们美化了它，丰富了它，可现在我们正在毁灭它，吃掉它。我们需要干净的水和清洁的空气，然而我们始终在污染我们的海水和河水，污染我们呼吸的空气。

我们想要的越来越多。我们的贪欲正在毁灭地球这颗小小的蓝色星球，以至于在不久的将来，它将不再适宜人类生存。

但我们需要地球和我们的环境，比其他的一切都更需要。为此我们要做一些改变，这一点大家都知道。我们必须要改变自己。但是怎么改变呢？

需要有一个行之有效的主意，一个能够拯救地球的方法。到目前为止还没有人找到这个方法，而人类自我毁灭的危险一天更甚一天。

想一想吧。也许你能发现点什么，也许你能找到解决办法，地球和环境因此得以拯救。我们迫切需要这个办法。这个办法肯定就藏在什么地方，等你去发现，你可不笨。

12 一个房间

我希望你有一个自己的房间，一个只属于你自己的房间。

跟兄弟姐妹分享一个房间也可以，但最好有一个完全属于你自己一个人的房间。因为如果没有自己的房间，跟兄弟姐妹甚至跟全家人共同生活在一个房间里，那你就完全不可能独处了，而有时人是需要独处的。跟其他人在一起很好，但是当你想认真地思考一些事情，或者要做出一个重要的决定，这时若能回到自己的房间里独处，那就再好不过了。

几个小时里完完全全自己一个人 —— 为了使自己冷静下来，为了能够想出一些办法，为了做个梦，为了破解一个谜，为了发明点儿什么，为了写封信，为了悲伤，为了看看书，为了休息休息，为了学习，为了写一首诗，为了吃块巧克力饼干，为了想想美好的事，为了发一会儿呆，为了修理一台坏收音机，为了自己单独待一会儿……

你可以按照自己的意愿去布置这个房间，把那些你每天想看的照片和宣传画贴在墙上，让自己一觉醒来就可以看到。或者在房间里珍藏有明星亲笔签名的超级音乐会的入场券，还有那株小小的红玫瑰，它已经完全枯萎了，但它是你喜欢的人送给你的。那个人你何止是喜欢呢，这点只有你知道。

你可以把那些对你来说重要的东西都放在自己的房间

里，这样你随时可以看到、拿到。甚至多年前没有它你就无法入睡的旧玩具熊，今天你根本不会再把它抱在怀里了，但是它在架子的最上方有一个尊贵的位置。它值得拥有这样的位置。

此外，在你的房间里还有藏东西的秘密地方，所有东西都会安全地保存在那里，不让别人看见，而且别人也真的看不见。有简单的秘密地方，比如一排排书的后边，或者衣柜后面。

还有高级的秘密地方，如果有人能发现它，那肯定需要在你的房间里搜寻一整天。

最后还有更高一级的秘密地方，非常秘密的地方，谁也找不到的地方。

我最秘密的地方是在写字台抽屉的后边。这个抽屉没有写字台那么深，上了锁的抽屉后边还有一块空地方。我可以把最最秘密的东西藏在那里，就算有人把整个房间翻个底儿朝天，把所有抽屉都拉出来刨一遍，最后还是什么都找不到。因为如果有人将抽屉拉开，朝抽屉后边看，他什么也看不见，那里边漆黑一片。

一个自己的房间就是一个小世界，一个人需要通过这个小世界跟大世界相处。即使这个房间里乱七八糟，每个朝里面瞥一眼的人都会发出一声叹息，但这个杂乱无章的房间是你的家。为了探索通向另一个世界的道路，你在这里找到了你需要的宁静。这个房间可以很小，非常非常小，但它是属于你自己的房间。

13 一条漂亮的连衣裙

每个姑娘都需要一条特别漂亮的连衣裙。妈妈也有这样的一条连衣裙，每逢重要场合才穿，比如过节的时候，跟很多人聚会的时候。

特殊的场合需要特殊的连衣裙。在某些日子里，你不能穿着平时的那些衣服跑来跑去。这时需要有点儿不同寻常的衣服。这件衣服无论多显眼都可以，哪怕很不耐脏也没关系，在这样的日子里都可以穿。重要的是，穿上它感觉很好。女友们看到了，大家看到了，第二天大家都还在谈论它，甚至整个一星期都在谈论。

穿上这么不同寻常的衣服时，人的举止也不同一般，就像一个公主似的。其他人也会发现这一点。他们会目不转睛地盯着你看，但他们的目光不会让你感到难堪。

我见过你穿这条漂亮的连衣裙，那是在一家饭店里，你和你的父母在一起，还有两个人。我坐在不远处的一张桌子旁，你根本没发现我。后来你起身要去卫生间，当你身着这条漂亮的连衣裙穿过饭店时，大家都朝你望去，惊叹你的美丽。后来大家还一直等着你回来，我也是，就为了再看看穿着那条漂亮连衣裙的你。

男孩子当然不需要连衣裙，但是在不同寻常的日子，他们也有特殊的衣服：一件合体的夹克；一条让人能活动自如的裤子，穿上它感觉就像在电影里边；一件印有独一无二图案的 T 恤，能吸引每个人的目光。

但是对穿过的衣服，男孩子和女孩子的做法不一样，也就是对待漂亮的连衣裙和帅气的衣服的做法不一样。女孩子们第二天就会把漂亮的连衣裙仔细折叠起来放回柜子里，保存好以便下一个特殊的日子再穿。而男孩子们并不打算第二天早晨穿别的衣服。他们认为头一天穿过的衣服挺好，根本不明白为什么他们不可以每天穿着它跑来跑去。

然而这样的衣服是不可以每天都穿的，那样一来它就不再特殊了。圣诞节和生日毕竟是特别美好的日子，因为这样的日子一年才有一次。

另外，你的女友们可能会问："你什么时候再穿那条漂亮的裙子呀？"

这是你听多少遍也不会觉得厌烦的一个问题。

14 生日

自己的生日当然是最美好的日子。几个星期前你就开始盼望这一天的到来。你希望那天能收到自己想要的礼物，希望父母千万别在商店里挑错了玩具。有时候你还会收到一些意外的礼物。你一点儿也不知道，此前几天你都没有发现，尽管你已经把家里搜了个遍。

如果礼物没问题，你就会心满意足，等下午受邀的朋友们全都到齐后，开始一场欢乐的生日聚会。

你密友的生日也是很美好的日子。她邀请了你，你希望自己准备的礼物给她留下深刻的印象，也许她还会说："太好了，这个礼物真的超棒。"然后你们开始玩游戏，老的游戏，新的游戏，她的父母端来蛋糕和可可，还有一些供大家赢取的奖品。

这样的生日聚会非常美好，让人每天都想过。但是也有一些生日让人很难受。我指的是兄弟姐妹们的生日。

这难受的一天从早晨便开始了。你兄弟姐妹一早就收到了礼物，这其中就有你梦寐以求的东西。而且你一眼看过去，发现你兄弟姐妹得到的礼物比你上次过生日时得到的多。最糟糕的是，你知道，到你下次过生日还得等很久很久。

但是，假如这个愚蠢的日子你挺了过去，那么你的下一个生日就要来了，而你的兄弟姐妹还得等候整整一年。

有一些国家，那里的人不过生日，而是过命名日，他们在命名日这一天收到礼物。

是否也有那样的国家，那里的人既可以过生日，也可以过命名日呢？

15 一辆自行车

人类所有的发明中，自行车是最为绝妙的。这是我的观点。

当你拥有了一辆自行车，什么钱也不用花，只需一点儿肌肉的力量就可以使用它。学骑自行车很简单。它快捷、神气，容易修理。另外，这头铁驴子是一个很好的运输工具，还有利身体健康，也不污染环境。

在尘土飞扬的大城市里骑自行车要比开汽车来得快。人们不必到处寻找停车场。

一辆新自行车算是一笔财富。有的自行车装配了很多电子设备，可以测量各种各样的东西。这样的自行车可以显示你在什么地方，该往哪个方向骑，以及你姓甚名谁。但这些都不是必需的。一辆自行车必需的是轮子、车座、车灯、车闸，还需要一把锁。遗憾的是，这锁也是必须要有的。除开这些其他的都是没用的东西。一个人车骑得怎么样，安全与否，骑行的速度如何，这些完全取决于他自己，而不是自行车商极力推销的价格昂贵的玩意儿。

看看这些人吧，自行车赛车手，骑自行车送信的投递员，他们每天骑自行车，他们的自行车上只有最最必需的东西，既轻便又结实。他们完全掌控自己的自行车：可以立即刹住车；可以抬起前轮，只用后轮骑行。自行车就像戴在他们手上的手套一样，简直成了他们身体的一部分，任由他们摆布。他们可以用自行车完成各种技巧。

拥有了一辆自行车，你可以到处跑。你可以骑着它去每座城市，也可以骑着它上山。

你甚至可以骑着它环游世界。随后你发觉自己肌肉酸痛，而在你家乡的报纸上，可能会登一张你的照片。

16

痛苦与眼泪，烦恼与失败

"真是的，不想要什么偏偏来什么！谁要这样？反正我不要！"

你说的我明白。

当然这不是什么好事。谁愿意哭泣，愿意烦恼，愿意痛苦呢？谁也不愿意失败，每个人都想方设法要赢，想处处拿第一，至少在自己认为重要的事情上 —— 在体育比赛或者考试时，跟朋友或家人做游戏时，骑自行车或者游泳时。只有拿第一才算赢，拿第二都不算赢，只能算失败。

但你是知道的，生活中人不可能总是赢。即使是最伟大的胜利者，即使那些几乎时时处处都能赢的人，他们也有输的时候，说不定什么时候或在什么地方就输了。生活就是这样。

赢得胜利后的快乐，每个人都会，这用不着学。不管参加哪种竞赛，你都需要经过不断地努力练习，然后才有机会去争取胜利。赢得胜利后自然就会高举手臂，兴奋尖叫，满脸笑容，那叫一个高兴。这一切完全是自然而然的，用不着练习。

但是一旦失败了，随之而来的便是烦恼、痛苦和哭泣，这就麻烦了，没有人能轻轻松松就处理好。

人应该学习如何应对这些麻烦，就像应对剧烈的牙痛和严重的腹痛。试着去体会身体的感觉吧。也许身体只是想通过痛苦告诉你，它还在，应该注意它了。告诉你，健康时人感觉不到自己身体的存在，这很好，但也不是每个人每个时刻都有这么好的运气。

最重要的是，即使遭遇了极大的不幸，陷入到极度的苦恼中，你也要知道，新的一天终将来到。那一天，绝望和疼痛将烟消云散，或者变得能够忍受。

你要始终记住，你的苦恼终将过去。你将从所有这些痛苦中懂得，这种情况还会发生，但对你来说又是一次为胜利而拼搏的机会。你会获得胜利，也许就在明天。

永远不要忘记明天。你永远可以寄希望于明天。今天你输了，但明天你会成功。这个信念会帮助你战胜愚蠢、黑暗的今天，帮助你承受失败。

我在什么地方读到过一种说法 —— 印第安人不哭。

我想，这是怎样的人呢？

后来我去拜访了他们。我飞到美国亚利桑那州，住到印第安人那里。他们过得不好，生活得很艰难，而且，说老实话，我担心他们会在有朝一日消亡。不知什么时候，那些伟大的值得骄傲的印第安人将不复存在，你只能在博物馆或者从书中了解他们。

我在那里看到过印第安人哭泣，包括男人。我能理解他们。"印第安人不会哭"只是一句愚蠢的谎话。这么说的人对印第安人不了解，从没见过印第安人，对他们一无所知。

真实情况是，印第安人不会为他们的眼泪感到羞耻。他们学会了与痛苦和失败相处，与烦恼和眼泪共存。

17 跳出自己的影子

当体育老师或者教练对你说："还差一步你就成功了！"我知道这有多么糟糕。

这时你完全垮了，你感到无比痛苦，真想一屁股坐地上，彻底放弃。

或者钢琴女教师一直不满意，要你将这首曲子再弹一百遍。你已经尽了你最大的努力，她还是认为你可以弹得更好。

当有人对你这么说的时候，你不止是难受。眼泪不由自主地就流了下来，你不得不紧咬嘴唇，不然就会痛苦、愤怒地嚎啕大哭。

但是当你尽力振作起来，向教练或老师证明自己，你本来不相信自己能办到的事，现在居然办到了，这时你就会经历极其幸福的一刻。你越过了一个界限，你达到了一个看似不能达到的顶点。假如没有他人的激励，没有他人的要求，你绝对做不到。因为你不够相信自己，或者对自己的要求太低。你不知道自己的潜在能力。

这时最好有人在你身边，给你勇气。他对你的期望大于你对自己的期望。而且他完全知道，你能做到。你只需要另外一个人稍微推一把，刺激一下，挑战一下。那个人可能是你的老师、教练、父亲，也可能是你的一位朋友或队友。那个人是喜欢你的人，愿意帮助你的人。

人是需要刺激和挑战的，也需要这样帮助自己的人。如果他们想帮助你，让你明白，你什么都能做到，这时，请别生他们的气。

18 家庭
我希望你有一个家。

当然你有家，谁都有家。但我希望的是，你的家是一个真正的家，家人都相亲相爱，同心协力，即使在发生了糟糕的事情时，你也可以依靠它。

家是由家人组合在一起的：妈妈、爸爸、兄弟姐妹和其他亲戚，包括奶奶爷爷，姥姥姥爷，姑姑叔叔，姨妈舅舅，堂兄弟表兄弟，堂姐妹表姐妹。这一大群人组成了一个家族。

每个人都需要家人。家人和家一样重要，事实上更重要一些。因为和家人在一起才会真正感觉到家的存在。在家里你可以想躺就躺，想休息就休息，继而获得力量。只要你需要，家人就会出来支持你。

家人，就是你爱的那些人。你可以从他们那里了解一切，获得帮助。他们也令你讨厌。他们不停地对你提出要求，即使你根本没有时间，也得帮助他们。有时候真希望他们见鬼去，因为他们不让你有片刻安静。但你又那么爱他们，当你离家几天或者几个星期时，你就开始想家了。

家永远是你的家。它是无法选择的，即使跟它彻底闹翻了，你也是它的一员。

不过，在某个时候，也会发生这样的事情 —— 某个家庭成员"走了"。这是令人伤心难过的至暗时刻，因为当这个人"走了"，他就是永远离开了。他去世了，你再也看不见他，永远也看不见了，哪怕他是你最亲爱的人，哪怕没有他你不知道将如何生活下去。

在某个时候，家里又会增添新的成员，你之前根本不认识他们，然后他们就成了这个家庭的成员，好像他们一直就在家里似的。比如，你的哥哥结婚了，或者你的姐姐生了个小孩。

你家里所有的人都属于你，即使他们住在其他的什么地方。如果一个家人从家里搬走了，搬到非常远的地方，意大利或者美国，当你去那里时，你可以拜访拜访他。他将指给你看他的新家，你还可以住在他那里。晚上你们俩待在一起，就像当初你们还是孩子时那样。

家里人时不时地团聚一次，找个理由共同庆祝一番。这样的家庭聚会有时候很累人，很伤脑筋，有时候聚会过后还是挺高兴的。不管怎么说，这样的聚会很美好，因为家人又相见了。

19 团体

每个人都需要有一个朋友。你可能还不止一个朋友。你跟他们无话不谈，而且不必多说，你们就能相互理解。然后你还有一帮同伙——赛艇队、剧组、乐队、秘密社团、球队……你也需要这些团体。

就是这群朋友，课间休息时与你一起在校园里消磨时间，一起度过下午的时光，一起在冷饮店前闲逛，一起去看电影，一起去听音乐会，一起组团在学校联欢会上登台表演，好给姑娘们留下深刻印象。就是这群朋友，跟你一起骑车去远游，一起在夏天的时候去湖边搭帐篷露营，一起下几个钟头棋。

如果你的团体有一个名字也不错，一个非常有气势的名字，或者让人恐惧的名字，或者极其怪异的名字。然后就可以把它印到 T 恤上，好让每个人立刻就知道，你们是一个团体，是一伙的，你们相互分担责任。你知道，这就是所谓的"我为人人，人人为我"。

这样的团体有时可以存在一辈子，即使大家结婚了，有了自己的孩子，这些旧日英雄们仍会偶尔一聚，来一次摩托车骑行，或是一次烧烤聚会。可以肯定的是，他们还会穿上印着他们团体名字的 T 恤。有可能他们搞了件新的 T 恤，但是上边依旧印着他们团体的名字。他们始终是朋友，这是生命中非常重要的事。

当你厌烦了学校，厌烦了学习和家庭作业，厌烦了一大早就去上学的时候，就想一想你的这个团体吧。你的哥们儿正站在学校大门口等你呢。

20 恋爱

你恋爱过吗？真正的恋爱？当你看见那个女孩或男孩时，你心里会觉得暖暖的吗？当这个人走进房间朝你看的时候，你会觉得很幸福吗？

人一恋爱就感觉世界都变了。所有的人看上去都变得更加友好。不友好的人对你也没有什么妨碍，你还会朝他们微笑，丝毫不生他们的气。倒霉的事，不愉快的事，学校里的过重负担，家里的紧张气氛，突然之间都变得不再那么重要了。人一恋爱就觉得一切都那么美妙，简直要飞起来了，飘起来了，幸福极了。

你能够完成更多的事情。你跟你爱的人每天都要待上几个小时，一起在公园散步，在森林里漫步，坐在河边发呆……但是，学校和家里必须完成的事情你一样都没落下，完成起来如同游戏一般轻松，几乎手到擒来。当一个人恋爱的时候，就获得了某种力量。你会变得更强壮、更快乐、更自由。你不再那么容易生气了，也很少悲伤。你盼望什么就来什么。

你不再是孤单一人了。你有了懂你的人，有了每天都想看到的人。

也许你最好的朋友要吃醋了，因为你不再有那么多时间陪他们了。去跟他们说说，跟他们解释解释，说这完全是两码事，跟你们的友谊没有冲突。你的朋友依然是你的朋友。

爱情完全是另外一码事，不会使你的朋友因此失去什么。

假如你没有恋爱，假如你在生活中还从来没有爱恋过谁，那你也不必伤心。总有一天会发生的。你从今天起就可以盼望着这一天的到来。因为恋爱比最大杯的冰激凌，比你最喜欢吃的东西都要美味，美味得多。不骗你，我发誓。

克里斯朵夫 · 海因

1944 出生于现波兰维托希斯，后在柏林学习哲学和逻辑学。小说家、戏剧家、翻译家和随笔作家。其戏剧、短篇小说和长篇小说多次获奖，包括乌韦·约翰逊奖、施特凡·海姆奖。除了这本《和孩子聊聊生命里最重要的事》，他还与插画家罗特劳特·苏珊娜·贝尔纳合作出版了两本童书：《瓷砖壁炉下面的野马》（1989）和《妈妈走了》（2003）。

罗特劳特 · 苏珊娜 · 贝尔纳

1948 年出生于斯图加特，后学习版画设计，自 1977 年起成为自由书籍装帧设计师、插画家和作家，目前是德国最著名的绘本作家、插画家之一，因其高超的艺术造诣在国际上享有盛誉，斩获诸多奖项，如德国青少年文学奖、福尔卡赫大奖、国际安徒生奖。

她的代表作有被誉为情景绘本巅峰之作的"四季时光系列"（荣获世界最美图书奖）、《会飞的帽子》《去吧，去吧，去野餐》《小狗和兔子》《迟到了一年的包裹》等，此外她还为很多作品绘制了插图，如获国际安徒生奖提名的瑞士作家汉娜·约翰森的《脚鱼》《你醒了吗？》，瑞士作家弗兰茨·霍勒尔的《如果我可以许个愿》，德国诗人、作家汉斯·马格努斯·恩岑斯贝格的《洗衣篮里的比布斯》等。